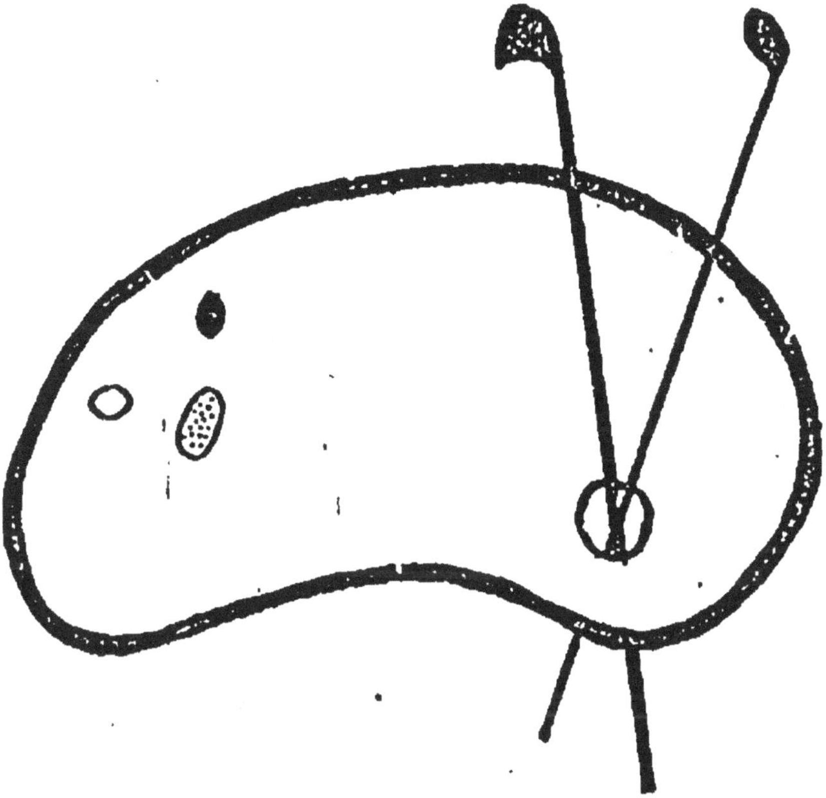

DEBUT D'UNE SERIE DE DOCUMENTS
EN COULEUR

LE PÈLERINAGE

DE FOURVIÈRE

DISCOURS

prononcé au pèlerinage du canton de la Tour-du-Pin
à Notre-Dame de Fourvière

LE 30 SEPTEMBRE 1896

PAR L'ABBÉ A. DEVAUX

Chanoine honoraire de Grenoble
Professeur aux Facultés catholiques de Lyon

LYON
IMPRIMERIE EMMANUEL VITTE
18, rue de la Quarantaine. 18.
—
1896

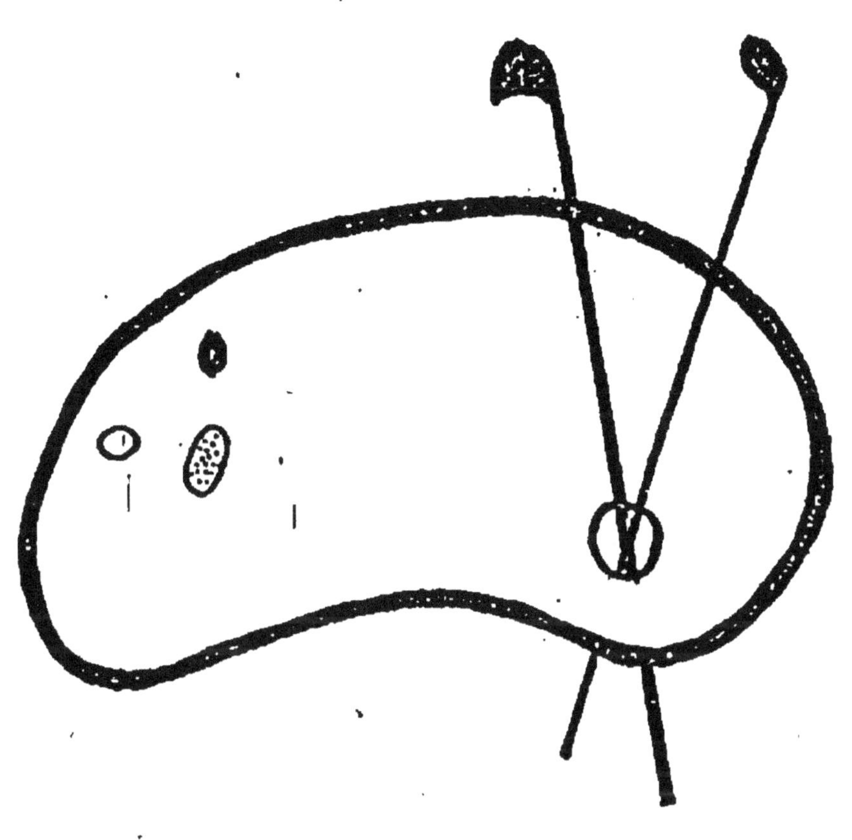

FIN D'UNE SERIE DE DOCUMENTS
EN COULEUR

LE PÈLERINAGE

DE FOURVIÈRE

DISCOURS

prononcé au pèlerinage du canton de la Tour-du-Pin

à Notre-Dame de Fourvière

LE 30 SEPTEMBRE 1896

PAR L'ABBÉ A. DEVAUX

Chanoine honoraire de Grenoble
Professeur aux Facultés catholiques de Lyon.

LYON

IMPRIMERIE EMMANUEL VITTE

18, rue de la Quarantaine, 18.

—

1896

A MONSIEUR LE CHANOINE LAROCHE

CURÉ-ARCHIPRÊTRE

DE

LA TOUR-DU-PIN

HOMMAGE DE RESPECTUEUSE AFFECTION

LE
PÈLERINAGE DE FOURVIÈRE

Illuc ascenderunt tribus Domini, ad confitendum nomini Domini. — C'est là que sont montées les tribus du Seigneur, pour confesser le nom du Seigneur (Ps. cxxi).

Mes chers Frères,

Vous connaissez cet admirable psaume de David que l'Eglise répète si souvent, particulièrement aux fêtes de la sainte Vierge, le *Lætatus sum.* C'est le cantique du pèlerinage que tout Hébreu devait accomplir à la ville sainte, trois fois l'an, aux fêtes de la Pâque, de la Pentecôte et des Tabernacles : cantique religieux et national, qui traduit, avec une émotion vibrante encore après trente siècles, l'explosion des sentiments de foi et de patriotisme du pèlerin hébreu à la vue de Jérusalem.

Arrivée aux portes de la ville, la pieuse caravane s'arrête, non pas vaincue par la fatigue des longues routes, mais éblouie par les splendeurs subitement révélées au regard, et muette d'admiration. La première émotion passée, les langues se délient, et, en prenant le dernier élan pour gravir la colline sainte, les pèlerins entonnent leur chant sacré. Ce qu'ils chantent, vous le savez : c'est d'abord, par un retour de leur imagination vers la petite patrie qu'ils viennent de quitter, la joie du départ, l'allégresse avec laquelle ils ont répondu au cri de ralliement : « *Lætatus sum*, je me suis réjoui de ce qui m'a été dit : Nous irons dans la maison du Seigneur. » C'est aussi la joie de l'arrivée, ce saisissement qui a, pour ainsi dire, paralysé leur être tout entier en une religieuse admiration : « *Stantes erant pedes nostri :* nos pieds se sont arrêtés à tes portes, ô Jérusalem ! » Puis, l'enthousiasme s'exaltant à la possession du bonheur rêvé, ils chantent la gloire de Jérusalem, centre religieux de leur nation : « *Illuc ascenderunt :* c'est là que sont montées les tribus du Seigneur, pour confesser le nom du Seigneur. » Enfin, de leur cœur ému s'échappe l'ardente prière que leur inspirent et la charité fraternelle et le zèle religieux.

Mes Frères, est-ce simplement une page de l'histoire juive que j'essaie de dérouler à vos yeux ? N'est-ce que le récit d'un événement perdu dans le lointain vaporeux des siècles, capable de de nous émouvoir encore, mais seulement à la façon dont la représentation d'un drame émeut des spectateurs ? Non, cette histoire est celle même du pèlerinage que vous accomplissez ; c'est vous qui êtes les acteurs du drame, et l'émotion dont je parle, c'est la vôtre.

Il y a quelques semaines, un éloquent appel (1), bien dauphinois, c'est-à-dire catholique et français, partait du chef-lieu de votre canton. La voix des pasteurs de vos paroisses, faisant écho à la voix de leur archiprêtre, vous répétait cet appel : « Fidèles du canton de la Tour-du-Pin, portons à Notre-Dame de Fourvière l'hommage du diocèse de Notre-Dame de la Salette ». Vous

____

(1) Il avait été rédigé par M. Jean Charvet, avocat à la Cour d'appel de Lyon, qui avait tous les titres pour être le *directeur temporel* du pèlerinage.

étiez dignes de ce pieux appel ; vous en avez
compris le but et vous en avez senti la joie. Le
nom de Fourvière est devenu, à travers vos campagnes, votre mot de ralliement, comme le nom
de Jérusalem pour les tribus juives. Comme le
pèlerin hébreu, vous avez attendu avec impatience
le moment du départ, plus généreux que lui à
certains égards, puisque son pèlerinage était obli-
gatoire et que le vôtre était libre. Comme lui
vous avez été saisis d'émotion à la vue de merveilles qui dépassent vos rêves ; et vous aussi, en
oulant cette colline sainte, vous vous dites :
« Oui, c'est ici que sont montées les tribus du
Seigneur, pour confesser le nom du Seigneur. »
Comme lui encore, au cours de cette sainte jour-
née, commencée dans l'allégresse, la prière et les
chants, vous épancherez de vos cœurs les vœux
qui s'y forment, sous l'inspiration de la foi, de la
charité et du patriotisme, pour vous et pour les
vôtres, pour l'Eglise et pour la France.

Ai-je besoin de vous dire, mes Frères, que
votre joie est partagée par les nombreux compatriotes que vous comptez dans la ville de Marie,
heureux de vous rencontrer au pieux rendez-
vous et d'unir leurs prières à vos prières ? Le

chef spirituel de votre canton, le premier orga-
nisateur de ce pèlerinage, pour mieux marquer
cette fraternelle union entre vous et vos compatriotes lyonnais, a bien voulu confier à deux
d'entre eux l'honneur de vous adresser la parole
dans cette Basilique (1) ; c'est avec bonheur qu'ils
ont accepté une invitation si gracieuse. Celui qui
vous souhaite la bienvenue, ô mes chers compatriotes, est fier de cet honneur, et c'est de tout son
cœur dauphinois qu'il salue votre beau pèlerinage.
Pourquoi faut-il que je ne puisse saluer ici votre
archiprêtre vénéré, qui était si digne de vous con-
duire à Fourvière et de vous en faire admirer la
Basilique, lui qui sait si bien ce qu'il faut de foi,
d'abnégation et de zèle, de goût et de cœur, pour
faire d'une église un chef-d'œuvre qui honore un
pays? Si son absence met une ombre de tristesse
sur votre pèlerinage, du moins avons-nous le
ferme espoir que vos prières sauront lui rapporter
de Fourvière, comme la grâce insigne de ce jour,
le rétablissement, pour de longues années, d'une

----

(1) C'est le R. P. Durand qui a prononcé le sermon du
soir, avec cette substantielle et chaleureuse éloquence qui
lui fait une place si distinguée parmi les prédicateurs les
plus goûtés de notre temps.

santé si précieuse et si chère. Je salue celui qui, à votre tête, occupe à tant de justes titres la place de votre archiprêtre, M. le chanoine Maron, qui a si bien montré, lui aussi, à Eybens et à Dolomieu, qu'après l'édification des âmes rien ne lui est plus cher que l'embellissement de la maison de Dieu. Je salue ce cher canton de la Tour-du-Pin qui, par le zèle de ses prêtres et la foi généreuse de ses habitants, tient une si belle place dans un beau diocèse.

Mais le lieu où nous sommes ne permet pas que nous nous en tenions à un échange de fraternelles salutations : si le cœur conserve ses droits jusqu'au pied de l'autel, l'âme a les siens, plus sacrés et plus impérieux encore ; après le salut du compatriote, vous avez le droit d'entendre la parole du prêtre. Que vous dirai-je donc, mes Frères, sous les voûtes resplendissantes de cette Basilique qui représente si bien pour l'âme catholique ce qu'était le temple de Sion pour l'âme juive ? Je me bornerai à vous commenter le texte sacré que j'ai pris pour point de départ de cet entretien, en essayant de répondre à ces deux questions que votre piété se pose :

Qu'est-ce que Fourvière ? C'est le lieu béni où

sont montées et montent toujours les tribus du Seigneur : *Illuc ascenderunt tribus Domini.* Quel est le but de ces pèlerinages, dans le passé et surtout dans le présent? C'est, en invoquant solennellement la protection maternelle de Marie, de confesser le nom du Seigneur dont elle est la Mère : *Ad confitendum nomini Domini.*

Que la miséricordieuse Vierge de Fourvière daigne bénir une méditation dont elle-même est le sujet et dont elle seule peut assurer l'efficacité pour nos âmes !

I

Les pèlerinages en l'honneur de Marie ne manquent en aucune contrée du monde catholique; ils abondent particulièrement sur notre chrétienne terre de France. Si nombreux qu'ils soient, il me semble qu'au point de vue de leur origine, on peut les ramener à trois classes distinctes. Les uns ont été établis, pour ainsi dire, par la sainte Vierge elle-même, par une miraculeuse manifestation de sa bonté pour nous, surtout par une apparition, sous la forme qui en indiquait le but, de sa céleste personne : tels sont, en Dauphiné, les pèlerinages de Notre-Dame de l'Osier, surtout de Notre-Dame de la Salette, et, en dehors de notre province, ceux de Lourdes et de Pontmain. Les autres ne sont que des imitations locales de tel ou tel pèlerinage insigne : par exemple, les nombreux sanctuaires érigés en l'honneur de Notre-Dame de la Salette, comme à Vienne et à Cessieu. Enfin, il en est à l'origine desquels on ne trouve ni une intervention directe de la sainte Vierge, ni une simple imitation, mais une manifestation spontanée de la piété chrétienne, où la confiance des enfants a provoqué les bienfaits de la Mère.

C'est à cette dernière classe qu'appartient le pèlerinage de Fourvière, et il en est certainement, en France, le type par excellence.

Certes, son origine est bien modeste en apparence ; cependant, abstraction faite des pèlerinages que consacra l'intervention miraculeuse de Marie, je n'en connais pas de plus vénérable. Il remonte directement au ixe siècle, c'est-à-dire au premier oratoire que la piété lyonnaise éleva ici même à Marie, sur les ruines du Forum romain.

C'est une belle antiquité déjà, mais nous avons le droit de remonter plus haut encore. L'oratoire de Fourvière se rattachait lui-même au premier autel dédié à Marie par saint Pothin, l'apôtre de Lyon. Vous savez que saint Jean, le disciple bien-aimé du Sauveur, avait été constitué, au pied de la Croix, le fils et le gardien de Marie, qu'il fut le premier apôtre de son culte, et que ce culte, né à Ephèse, près du glorieux tombeau de la Vierge, rayonna sur l'Asie avant de s'étendre à l'univers chrétien. S. Pothin, disciple de S. Polycarpe, et par S. Polycarpe, de S. Jean lui-même, ne pouvait oublier une dévotion si chère à ses maîtres et à l'Eglise qui fut son berceau. Quand il vint évangéliser Lyon, vers le milieu du IIᵉ siècle, il apportait, dans son pauvre bagage de missionnaire, une image de la Mère de Dieu. C'est cette image qui décora l'autel dressé dans l'humble maison qui lui servit de premier refuge, au milieu des saules et des marécages, sur l'emplacement actuel de l'église de Saint-Nizier. Telle fut la première chapelle de Marie à Lyon ; ce fut aussi, au témoignage du pape Innocent IV, la première qu'on lui dédia dans les Gaules. Saint Pothin avait-il deviné qu'un jour viendrait où cette image ferait

place à une statue monumentale, et que, au lieu
de se cacher dans les saulaies de la presqu'île,
elle se dresserait, souveraine, sur les ruines du
vieux Forum, étendant ses mains bénissantes sur
Lyon et vers nos Alpes? Dans l'humilité de son
premier oratoire, avait-il pressenti la gloire de
Fourvière? Peut-être : toujours est-il que la première origine de Fourvière est là; la modeste
chapelle des bords de la Saône doit être considé-
rée comme la première ébauche, conçue par le disciple de saint Jean, du sanctuaire de Fourvière.

Vous savez maintenant comment fut inauguré
le pèlerinage lyonnais : il consista tout d'abord
dans les visites des premiers fidèles à l'image de
Marie. Ah! sans doute, il n'y avait là ni grandes
foules, ni processions imposantes, ni cérémonies
pompeuses, rien de ce qui fait l'éclat extérieur de
nos pèlerinages actuels ; mais comme elles
devaient être touchantes, dans l'ombre et le silence
de la nuit, ces réunions où, autour de l'évêque
Pothin, on pouvait voir la matrone Bibliade cou-
doyant l'esclave Blandine; le patricien Epagathus,
le médecin Alexandre, le citoyen Attale et tant
d'autres, fraternisant, dans les mystères, avec les
marchands, les ouvriers, les esclaves; tous les

rangs de la société s'essayant à se mêler et à se confondre, dans la prière au Père qui est dans les cieux et à la Mère qu'il a donnée aux chrétiens, pour préparer, sur les ruines de l'égoïste société païenne, cette société chrétienne qui repose sur la divine fraternité des âmes ; toutes les conditions et tous les âges venant se placer sous le patronage de Marie, pour apprendre le secret et obtenir la grâce de bien vivre et de bien mourir ! L'histoire ne nous a pas conservé le tableau de ces pieux pèlerinages à l'autel de Marie, mais elle nous en montre les effets : à l'heure de la persécution, les pèlerins des bords de la Saône étalèrent au grand jour du Forum et de l'Amphithéâtre ces merveilles de foi et d'héroïsme qu'ils devaient, pour une si grande part, à la protection de Marie, et dont la vue soudaine fit pâlir le Paganisme. Ce sont nos martyrs, ne l'oublions pas, ce sont nos martyrs qui, sous la bannière de la Reine des martyrs, ont terrassé le colosse païen, et, par leur sang, consacré à tout jamais, pour le culte de Marie, le sol de Fourvière.

Après avoir rayonné dans toutes les directions de la ville de Lyon, s'épanouissant en une multitude de sanctuaires sous les vocables les plus divers, le culte de Marie se centralise de plus en plus, au cours du moyen âge, sur cette colline qui méritait si bien l'honneur de garder comme un trésor le pieux héritage de nos martyrs, et de devenir le principal rendez-vous de la piété lyonnaise envers la sainte Vierge. Je ne puis retracer en détail l'histoire d'un pèlerinage qui dure depuis plus de dix siècles ; après vous en avoir dit l'origine, il suffit d'en marquer les caractères essentiels.

A Fourvière, comme aux bords de la Saône, la piété lyonnaise n'a pas attendu l'appel de Marie pour se porter à son sanctuaire. Elle a en quelque sorte pris les devants : c'est d'un élan tout spontané que le Lyonnais, avec la confiance des enfants, s'est jeté aux pieds de sa divine Mère. Mais, à l'exemple de son Fils, Marie ne saurait se laisser vaincre en générosité : à la confiance de ses enfants elle a répondu par des bienfaits qui la dépassent à l'infini. Grâces spirituelles et grâces temporelles, grâces de conversion et de persévérance, miracles du dedans et miracles du dehors, guérisons de l'âme et guérisons du corps, protection des individus et de la cité contre les fléaux de toute sorte, qui pourrait énumérer toutes les faveurs qui, comme d'une source toujours ouverte, ont coulé, à travers les âges, de Fourvière et du cœur de Marie, tantôt dans le mystère des âmes, tantôt au grand jour de l'histoire? Les *ex-voto* qui tapissent les murs de l'ancienne chapelle ne sauraient en faire deviner qu'une bien faible partie : le reste, c'est-à-dire presque tout, est le secret de Dieu et de ses anges. Mais, à son tour, le Lyonnais a la mémoire du cœur : les bienfaits de Marie ont exalté sa confiance en elle, en avivant toujours sa reconnaissance. De telle sorte que l'histoire de Fourvière nous présente, de Marie à Lyon et de Lyon à Marie, le spectacle d'une merveilleuse rivalité de grâces et de reconnaissance, où sans cesse la grâce fait jaillir une reconnaissance nouvelle, et la reconnaissance, de nouvelles grâces.

Ah ! qu'elles sont belles à contempler les étapes parcourues, d'une part, par la bonté de Marie élargissant de plus en plus son cercle de protection, d'autre part, par la reconnaissance parallèlement grandissante de Lyon ! Pendant de longs siècles, la protection de Marie semble surtout locale ; son aile maternelle abrite ses chers enfants de Lyon, son cœur s'ouvre de préférence

à leurs supplications, son bras défend particulièrement leur cité. Mais quand viennent les grands
fléaux, cette horrible peste qui, au début du
xviie siècle, avait fait plus de 100.000 victimes,
cette autre peste des temps modernes qu'on
appelle le choléra, et qui, au commencement de
notre siècle, exerça dans nos contrées de si cruels
ravages, alors le cœur de la Vierge de Fourvière
se dilate et sa protection, sans cesser d'être lyonnaise, se fait pour ainsi dire régionale : c'est à
elle que nos plaines dauphinoises, comme la
terre lyonnaise, durent la cessation des fléaux.
Restait une dernière épreuve particulièrement
terrible, l'épreuve de la guerre. Ah ! qui ne se
rappelle les épouvantables angoisses de cet hiver
de 1870, quand, à Lyon, dans le Lyonnais, dans
le Dauphiné et tout le Sud-Est, on voyait le torrent de l'invasion prêt à se précipiter des hauteurs
de la Bourgogne dans nos riches vallées, et qu'on
se demandait avec terreur par quel miracle il
pourrait rencontrer une digue ! Lyon se souvint
que la Gardienne de la cité pouvait être la Protectrice de la patrie, et, par la voix de Mgr Ginoul-
hiac, notre ancien évêque, Lyon fit à Notre-Dame
de Fourvière le vœu qui nous sauva. Non, notre

piété ne se trompe pas quand elle attribue notre salut à la protection de Marie. C'est elle qui, à Nuits, inspira à nos soldats improvisés cet héroïsme qui faisait rêver des Thermopyles ; c'est elle qui jeta dans les conseils de l'ennemi ces indécisions si nouvelles chez lui, et qui sauvèrent nos vallées de ses outrages et de ses pillages. Fourvière fut notre digue miraculeuse contre le torrent ennemi ; et la protection de Marie eut les proportions d'une protection nationale.

La reconnaissance lyonnaise suit, dans la mesure du possible, une progression analogue à celle des bienfaits de Marie. Pèlerinages individuels, pèlerinages de familles, pèlerinages de confréries, pèlerinages de paroisses, pèlerinages de la cité, pèlerinages de supplication ou pèlerinages d'action de grâce, se passe-t-il un jour sans que l'âme lyonnaise vienne répandre aux pieds de la Vierge de Fourvière ses douleurs ou ses joies, ses craintes ou ses espérances, ses prières ou ses remerciements? Il y a, dans l'année, des dates bénies que vous devez retenir, comme le 8 septembre, où l'on commémore si solennellement le vœu de 1643 — le vœu de la

peste (1) — et où, à la chute du jour, la ville tout
entière semble tomber à genoux sur les quais de
nos fleuves, sous la bénédiction qui descend de
Fourvière; comme encore le 8 décembre, où chrétiens et chrétiennes, par milliers et par milliers,
gravissent la colline de la Vierge Immaculée, en
attendant que, la nuit venue, la ville s'embrase
d'une illumination comme on n'en peut rêver de
plus belle.

Ces superbes manifestations de foi et d'amour
filial ne peuvent suffire à exprimer la reconnaissance lyonnaise. D'âge en âge, elle se traduit
par quelque embellissement apporté à l'ancienne
chapelle, par l'érection d'une statue monumentale
à la Gardienne de la cité et de la région, jusqu'à
ce qu'enfin elle trouve sa plus magnifique expression dans cette Basilique qui, par les souvenirs
patriotiques qu'elle évoque, est aussi un monument
national. Que dire ici qui n'ait été cent fois dit,

(1) Vœu par lequel les échevins de Lyon, pour obtenir
la cessation du fléau, s'engageaient, eux et leurs succes-
seurs, à monter chaque année à Fourvière, le 8 septembre,
pour y entendre une messe et offrir à Notre-Dame de
Fourvière un écu d'or et de la cire. On sait que depuis
lors Lyon a toujours échappé au fléau des maladies con-
tagieuses.

et bien mieux que je ne saurais le faire, de cette
œuvre si absolument originale et belle, la plus
originale et la plus belle sans doute que notre
siècle aura vu jaillir d'une intelligence et d'un
cœur d'artiste chrétien, vraie merveille d'archi-
tecture, où l'art de l'Orient et l'art de l'Occident
viennent se rencontrer et s'unir, avec une suprême
harmonie, dans l'idéale expression de la pensée
chrétienne? Admirez seulement, en attendant de
pouvoir la contempler à l'aise, comme elle répond
merveilleusement au double caractère du pèlerinage de Fourvière. Depuis des siècles, on vient
ici pour remercier et prier, remercier la Gardienne de la cité, et prier la Vierge très bonne et
très puissante, la Mère de toute grâce. Eh bien,
voyez : au dehors, c'est bien une vision de citadelle mystique, avec ces tours qui semblent défier
les attaques de l'ennemi, avec cet archange
guerrier, qui est le ministre de Dieu au service
de Marie, pour la garde de sa cité. Au dedans,
c'est le palais de la Reine du ciel et, dans cette
éblouissante floraison d'or, de marbre et de pierre,
l'image vivante, l'image parlante, l'image chan-
tante de ses privilèges, de sa pureté, de sa puissance et de sa miséricorde. Au dehors, elle nous

garde comme la forteresse de Sion gardait Jérusalem; au dedans, elle nous appelle, elle nous attend, elle nous accueille comme la plus puissante des reines, surtout comme la plus miséricordieuse des mères (1).

Oui, Fourvière est un pèlerinage béni entre tous, où les tribus du Seigneur montent depuis des siècles, comme à la citadelle protectrice et au trône de l'amour maternel : *Illuc ascenderunt tribus Domini.*

II

Mais ne me suis-je pas trompé quand, à la suite du Psalmiste, je vous ai dit que le but principal de ce pèlerinage était de confesser le nom du Seigneur : *Ad confitendum nomini Domini?* C'était le but du pèlerinage hébreu à Jérusalem, et même il ne pouvait en avoir d'autre; est-ce

(1) Voir, sur le symbolisme de l'église de Fourvière, le beau travail de M. Sainte-Marie Perrin, correspondant de l'Institut, qui a si bien compris et si bien continué l'œuvre de Bossan : *La nouvelle Basilique de Fourvière. (Université catholique,* n° spécial de juin 1896).

aussi celui du pèlerinage de Fourvière, pèlerinage de supplication ou d'action de grâce, dont l'hommage semble s'adresser si directement à Marie, en glorifiant sa puissance et sa bonté?

Sans doute, mes Frères, c'est le but direct et immédiat des pèlerinages en l'honneur de Marie, surtout dans le passé; mais, même en ces temps heureux où la foi avait moins besoin qu'aujourd'hui d'une confession publique, ces manifestations de reconnaissance ou de confiance en Marie étaient essentiellement des actes de foi en Dieu, l'éclatante confession du *nom du Seigneur*. La piété chrétienne n'a jamais oublié ce principe élémentaire de notre religion que tout hommage à Marie remonte jusqu'à Dieu, qu'on ne prie et n'honore Marie que parce que Dieu l'a faite puissante et bonne, et que, pour atteindre au cœur du Fils, le cœur de la Mère est la voie la plus sûre. On peut donc toujours envisager un pèlerinage en l'honneur de Marie sous deux faces : comme un hommage à Marie, ou comme un hommage à Dieu lui-même; suivant les temps et les circonstances, c'est l'une ou l'autre considération qui est prédominante.

Ah ! je n'oublie pas que vous aussi, mes chers

compatriotes, vous êtes conduits à Fourvière par la reconnaissance et par l'amour. Vous savez bien que ce n'est pas en vain que la Vierge de Fourvière étend sa main protectrice dans la direction de nos plaines dauphinoises; vous savez bien que notre province, elle aussi, a été protégée par Notre-Dame contre les fléaux de la peste, du choléra et de la guerre et que vous devez vous unir à Lyon dans la reconnaissance à Marie comme Marie vous a si souvent unis à Lyon dans le bienfait. Vous n'avez jamais méconnu ce devoir; vous ne venez jamais à Lyon sans saluer Notre-Dame de Fourvière et lui confier les désirs ou les peines de votre cœur. Ne faites-vous pas davantage encore? Certes, la Basilique où vous êtes venus prier est bien avant tout l'œuvre de la générosité lyonnaise; mais pourtant, dans les pierres de ce monument, l'œil de Marie ne peut-il pas discerner et ne discerne-t-il pas l'obole dauphinoise? Vous avez aimé Fourvière dans le passé à cause des liens qui le rattachent à votre pays, et vous l'aimez davantage encore maintenant que ces liens ont été resserrés à nouveau. C'est un de nos anciens évêques qui, en nos jours de deuil national, a voué ce nouveau

sanctuaire, et c'est notre évêque vénéré, Mgr Fava,
qui, le 16 juin dernier, au jour de la dédicace de
la Basilique, a consacré l'autel de l'Assomption,
de l'Assomption — remarquons-le en passant —
le vocable de l'église cathédrale de Grenoble et de
votre église cantonale de la Tour-du-Pin. Votre
amour reconnaissant pour Notre-Dame de Fourvière suffirait à expliquer le généreux et magnifique élan qui vous a amenés à ce pèlerinage;
mais, et je ne m'abuse pas sans doute, vous avez
obéi à un autre motif encore.

Nous vivons en un temps où il ne suffit pas
d'être chrétien : il faut encore savoir le paraître.
Je ne crois pas que depuis l'ère des persécutions,
où il fallait confesser le nom chrétien jusque
sous la dent des bêtes ou la hache du bourreau,
il ait jamais été plus nécessaire de rappeler la
parole de Notre-Seigneur Jésus-Christ : « Qui-
conque m'aura confessé, c'est-à-dire avoué devant les hommes, je le confesserai, je l'avouerai
devant mon Père qui est dans les cieux; et qui-
conque m'aura renié devant les hommes, je le
renierai également devant mon Père céleste. »
Rougir de l'Evangile n'est pas simplement une
faiblesse, plus que jamais c'est un crime. Ce n'est

même pas assez aujourd'hui de n'en pas rougir : il faut se parer du nom chrétien comme du plus beau titre de gloire; il faut affirmer hautement son *Credo* devant le scepticisme, dédaigneux ou haineux, qui semble envahir notre société; il faut se proclamer chrétien et vivre en chrétien même devant un mauvais sourire, ces mauvais sourires qui remplacent, parfois si mortellement, les menaces du bourreau antique. Ah! non, mille fois non, on ne mérite pas de porter le nom de chrétien si on ne veut l'être, et on ne peut l'être si on n'ose pas le paraître.

La confession du nom chrétien est un devoir indispensable; elle est aussi un droit imprescriptible, et vous savez que les droits ne se défendent bien que par l'usage qu'on en sait faire. On voudrait confiner le christianisme dans nos églises, comme le césarisme païen l'enferma dans les catacombes. Mais il y a plus de seize siècles que nous sommes sortis des catacombes et que le sang de nos millions de martyrs nous a conquis au soleil une place que nous n'avons pas, certes, occupée sans gloire ni sans profit pour la civilisation. Nous ne pouvons pas, nous ne devons pas abdiquer leur conquête en renon-

çant au droit de vivre en plein jour de la vie
catholique.

Grâce à Dieu, droit et devoir sont de mieux en
mieux compris des catholiques français, particulièrement peut-être des catholiques dauphinois.
De là l'essor si remarquable qu'a pris depuis
quelques années en nos pays l'œuvre — elle mérite bien ce nom — l'œuvre des Pèlerinages. Un
jour, vous êtes par milliers devant la chapelle fer-
mée de Parménie ; un autre jour, c'est le pèlerinage des *Mille* gravissant, le chapelet à la main, la
montagne de la Salette ; hier, le Dauphiné visitait
la grotte de Lourdes et ses divines merveilles ; aujourd'hui, il visite Reims, le baptistère de Clovis
et de la France ; demain, c'est-à-dire pendant une
année entière, on le verra, par délégations innombrables, fêter le jubilé de la Salette. Qu'allez-vous
faire en ces lointains, dispendieux et pénibles
voyages ? Sans doute vous allez prier ; mais surtout vous allez manifester avec éclat, et collecti-
vement, votre foi de chrétiens, votre résolution de
vivre en chrétiens, en tout et partout, à la face
du soleil comme dans le secret de votre con-
science ; vous allez confesser le nom du Seigneur :
Ad confitendum nomini Domini. Je ne me trompe

point, n'est-il pas vrai? en affirmant que cette pensée est, pour une bonne part, la pensée inspiratrice de votre pèlerinage à Fourvière.

Dirai-je ici, et pourquoi pas? que ces pèlerinages ont pour résultat de vous édifier mutuellement, bien mieux, d'édifier les populations que vous visitez, et, en retour, d'en être édifiés. Et puisque vous êtes à Lyon, vous ne pouvez manquer d'en emporter de consolantes et réconfortantes leçons. L'exemple des grandes villes exerce, par la force des choses, une influence, bonne ou mauvaise, sur tous les pays, petites villes ou villages, qui gravitent autour d'elles. Qui ne sait que ce ne sont pas toujours les bons exemples dont certaine presse porte l'écho jusque dans vos campagnes? Qui ne sait que ce n'est pas le Lyon religieux que vous connaissez le mieux? Eh bien, si jamais on invoquait l'exemple de la grande ville pour vous détourner du bien, vous induire au mal ou vous inspirer du respect humain, répondez hardiment que l'exemple ne peut pas venir du vrai Lyon. Le vrai Lyon, c'est celui qui bâtit les églises et les hôpitaux, fait vivre de son or et de son dévouement des œuvres innombrables, jusqu'aux missions les plus lointaines; le vrai Lyon, c'est celui qui a bâti Fourvière, qui y monte en pèlerinage, qui s'agenouille sous la bénédiction du 8 septembre, illumine au 8 décembre; le vrai Lyon, c'est celui qui ne rougit jamais de confesser le nom du Seigneur: *Ad confitendum nomini Domini*. Ne vous laissez plus jeter à la face cette inepte injure que la religion n'est bonne que pour les femmes et les ignorants; renvoyez l'insulteur à Fourvière, le 8 décembre, au jour où l'élite intellectuelle et sociale de Lyon monte les pentes de Fourvière en récitant le chapelet.

Voilà, mes Frères, la leçon que vous emporterez de tout ce que vous avez vu ici, et cette leçon vous sera un encouragement. Vous vous direz qu'il ne faut pas désespérer de la France et qu'on peut même rêver encore d'un glorieux avenir pour elle, puisqu'on y voit éclater ces splendeurs de la foi et ces prodiges de la piété. Vous vous direz que, si nous sommes venus à une époque où il se fait beaucoup de mal, il ne faut pourtant ni nous plaindre ni nous décourager, puisque la Providence nous fait vivre en un temps où nous pouvons, à l'exemple de tant de vaillants catholiques, faire beaucoup de bien.

Vous vous direz que, les temps fussent-ils pires encore, rien n'est perdu si nous savons opposer notre foi aux railleries et aux entreprises de l'impiété, notre courage aux lâchetés du respect humain, la fière revendication de nos droits chrétiens à l'oppression des consciences, sous quelque forme qu'elle se produise et d'où qu'elle vienne ; en un mot, si nous savons, comme aujourd'hui, confesser hautement la foi de notre baptême.

Et maintenant, mes Frères, priez et contemplez. Priez, comme le pèlerin hébreu, en vous abandonnant aux inspirations de la foi et de la charité fraternelle : *propter fratres meos et proximos meos*. Priez pour vous et vos familles, il est superflu de vous le dire ; mais priez aussi pour l'Eglise et pour la France, pour vos paroisses et votre diocèse, particulièrement pour le pieux et cher archiprêtre qui a préparé votre pèlerinage sans pouvoir le présider. Ah ! priez pour notre cher canton de la Tour-du-Pin : demandez à la Vierge de Fourvière qu'il soit toujours une terre bénie et féconde, bénie de toutes les faveurs du

ciel, féconde en œuvres de foi et de générosité
chrétienne ; un pays toujours fier de ses tradi-
tions religieuses, toujours ferme à les maintenir
et noblement ambitieux de les transmettre à ses
enfants, non seulement intactes, mais agrandies
et enrichies ; un pays qui se fasse toujours,
comme en ce pieux pèlerinage, une gloire
d'affirmer, de pratiquer et de défendre sa foi. —
Et puis, contemplez : là contemplation, ici, est
une prédication, la plus éloquente de toutes, celle
qui pénètre le plus sûrement dans l'âme et s'y
grave en pieux et ineffaçables souvenirs. Que ce
pèlerinage vous soit un réconfort pour le dur
pèlerinage de la vie ; surtout qu'il vous soit un
gage d'heureuse arrivée au suprême rendez-vous,
à ce Ciel dont vous voyez ici une image splendide
et pourtant bien pâle encore, et à l'approche
duquel vous pourrez, en toute joie, chanter avec
le pèlerin de Jérusalem : « *Lœtatus sum* : je me
suis réjoui de ce qui m'a été dit : Nous irons dans
la maison du Seigneur ». Ainsi soit-il.

LYON. — IMPRIMERIE E. VITTE, RUE DE LA QUARANTAINE, 18.

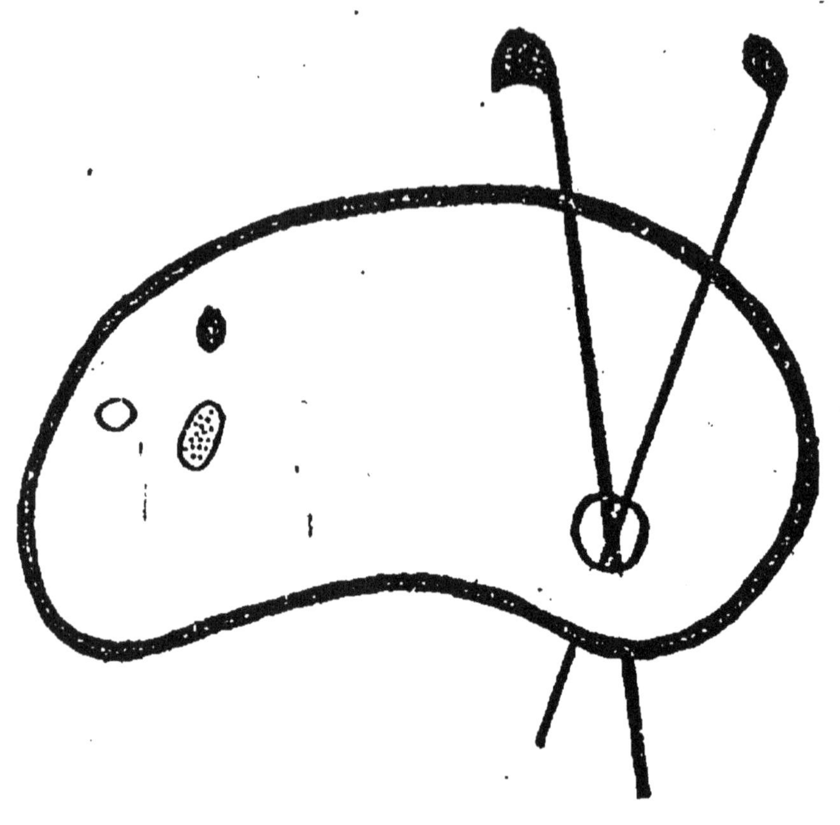

ORIGINAL EN COULEUR

NF Z 43-120-8